Pizza

Pizza

Lucia Pantaleoni

Photographies Jean Bono

Stylisme Sophie Dwernicki

SOLAR
EDITIONS

Si vous souhaitez recevoir notre catalogue et être tenu au courant
de nos publications, envoyez-nous vos nom et adresse,
en citant ce livre et en précisant les domaines qui vous intéressent.

Éditions SOLAR
12, avenue d'Italie
75013 Paris

www.solar.fr

Direction littéraire : Corinne Cesano
Édition : Delphine Depras et Aurélie Aminian
Mise en pages : Chantal Guézet, Encre Blanche
Photo de couverture : Jean Bono et Emmanuel Renau
Photogravure : Point 4

© 2007 pour la première édition,

© 2008 pour la présente, Éditions Solar, un département de place des éditeurs

Tous droits de traduction, d'adaptation et de reproduction par tous procédés, réservés pour tous pays.

ISBN : 978-2-263-04570-7

Code éditeur : S04570/03

Suite de la deuxième édition

Dépôt légal : janvier 2008

Imprimé en France par Pollina, 85400 Luçon - n° L55385

Sommaire

Introduction

La pizza : son histoire – l'orgueil des Napolitains

Selon certains historiens, la pizza existait déjà à l'époque des Étrusques avec des formes et des ingrédients différents. Mais la véritable pizza naît entre le XVIe et le XVIIe siècle grâce au génie des Italiens du Sud et au désir de rendre plus appétissante une sorte de pita. Elle était appelée *mastunicola* et était préparée avec du basilic, du saindoux, du fromage et du poivre.

La pizza, telle qu'on la connaît aujourd'hui, arrive sur les tables grâce à l'introduction de la tomate importée du Pérou après la découverte des Amériques. Le XIXe siècle marque la naissance de la pizza moderne à Naples et aussi aux États-Unis grâce aux Italiens émigrés. Date de la même période l'invention de la pizza avec la mozzarella, fruit de la créativité d'un pizzaiolo napolitain, Raffaele Esposito.

La recette pour préparer une pizza maison

250 g de farine riche en gluten

10 g de levure de boulanger fraîche

1 cuill. à soupe d'huile d'olive

1 cuill. à café de sel fin

160 ml d'eau tiède

Émiettez la levure dans l'eau tiède. Versez la farine sur un plan de travail, ajoutez le sel et mélangez. Faites un puits au milieu, versez la levure dissoute dans l'eau, et l'huile. Pétrissez la pâte 10 minutes environ jusqu'à ce qu'elle soit élastique. Formez une boule, couvrez-la avec un linge et laissez reposer dans un lieu tempéré pendant 2 heures environ, jusqu'à ce qu'elle ait doublé de volume.

Posez la pâte sur un papier sulfurisé adapté à un moule de 30 cm de diamètre environ. Abaissez la pâte à l'aide d'un rouleau à pâtisserie, propre et fariné : poussez devant vous, avec une pression égale de chaque main, en faisant circuler le rouleau sur la pâte. Pour une pizza ronde, tournez de 1/8e de tour pour obtenir un disque régulier. Faites un bourrelet sur tout le pourtour. Votre pizza est prête à être garnie.

L'usage du robot et de la levure boulangère instantanée diminuent considérablement les temps de préparation. Versez tous les ingrédients dans le bol du robot en remplaçant la levure fraîche par un sachet de levure boulangère instantanée. Actionnez le robot pendant 5 minutes, puis faites reposer la pâte pendant 30 à 40 minutes.

Conseils pour une pizza réussie

Une pizza faite maison ne peut pas être comparée avec la pizza des restaurants : cette dernière est cuite au feu de bois à de très hautes températures que les fours de nos maisons n'atteignent quasiment jamais. On peut néanmoins obtenir d'excellentes pizzas chez soi en respectant quelques règles de base très simples.

• Les ingrédients doivent être de bonne qualité : une pizza tomate-mozzarella peut être un vrai régal, ou un mets simplement banal si les tomates et la mozzarella ne sont pas savoureuses.

• La farine doit être de préférence riche en gluten car cette protéine confère de l'élasticité à la pâte et lui permet de lever.

• Il est important que le four soit préchauffé à 240 ° C. Cela permettra à la pizza de cuire assez rapidement.

Entre copains

Pizza aux oignons

Selon votre goût, vous pouvez poêler les oignons
au préalable avec 4 cuillerées à soupe d'huile d'olive.
Vous aurez alors besoin de 6 oignons environ.

POUR 4 PERSONNES

**400 g de pâte
à pizza**

**125 g de mozzarella
de bufflonne**

150 g de gorgonzola

3 oignons moyens

**4 cuill. à soupe
d'huile d'olive
extra-vierge**

1 Épluchez les oignons et plongez-les dans l'eau froide.

2 Égouttez la mozzarella, enlevez la croûte du gorgonzola ; coupez
les fromages en petits dés et réservez.

3 Émincez les oignons très finement ; réservez.

4 Préchauffez le four à 240 °C (th. 8), puis, à l'aide d'un rouleau
à pâtisserie fariné, étalez la pâte à pizza sur un papier sulfurisé adapté
à un moule de 30 cm de diamètre environ. Faites un bourrelet sur tout
le pourtour.

5 Répartissez la mozzarella, le gorgonzola et les oignons. Assaisonnez
avec l'huile.

6 Enfournez pour 20 minutes environ. Après une dizaine de minutes,
couvrez la pizza d'une feuille d'aluminium pour que les oignons
ne brunissent pas.

7 Sortez la pizza du four et servez-la en portions.

Pizza capricieuse

POUR 4 PERSONNES

**400 g de pâte
à pizza**

**150 g de jambon
blanc coupé en fines
tranches**

**250 g de mozzarella
de bufflonne**

100 g d'olives vertes

**100 g d'artichauts
à l'huile d'olive**

**6 cuill. à soupe
de purée de tomate**

**4 cuill. à soupe
d'huile d'olive
extra-vierge**

Sel et poivre

Les ingrédients de cette pizza varient selon les régions d'Italie. Vous pouvez, par exemple, remplacer les olives par des champignons à l'huile.

1 Assaisonnez la purée de tomate avec une pincée de sel, une cuillerée à soupe d'huile et du poivre.

2 Égouttez la mozzarella et coupez-la en petits dés.

3 Coupez les artichauts en quatre ; dénoyautez les olives et coupez-les en morceaux ; réservez.

4 Préchauffez le four à 240 °C (th. 8), puis, à l'aide d'un rouleau à pâtisserie fariné, étalez la pâte à pizza sur un papier sulfurisé adapté à un moule de 30 cm de diamètre environ. Faites un bourrelet sur tout le pourtour.

5 Étalez la tomate, la mozzarella, les artichauts, les olives et assaisonnez avec l'huile restante. Enfournez pour 20 minutes environ.

6 Sortez la pizza du four, ajoutez les tranches de jambon et servez en portions.

Pizza diable

POUR 4 PERSONNES

400 g de pâte
à pizza

150 g de ventricina
coupée en fines
tranches

250 g de mozzarella
de bufflonne

100 g d'olives noires

6 cuill. à soupe
de purée de tomate

4 cuill. à soupe
d'huile d'olive
extra-vierge

Sel et poivre

La pizza diable (« La diavola » en italien) est synonyme de pizza au saucisson piquant. La ventricina est une charcuterie pimentée produite dans les Abruzzes qu'on trouve généralement chez les traiteurs italiens. Un saucisson piquant peut également convenir parfaitement à cette recette.

1 Assaisonnez la purée de tomate avec une pincée de sel, une cuillerée à soupe d'huile et du poivre ; réservez.

2 Égouttez la mozzarella et coupez-la en petits dés ; dénoyautez les olives et coupez-les en morceaux.

3 Préchauffez le four à 240 °C (th. 8), puis, à l'aide d'un rouleau à pâtisserie fariné, étalez la pâte à pizza sur un papier sulfurisé adapté à un moule de 30 cm de diamètre environ. Faites un bourrelet sur tout le pourtour.

4 Étalez la tomate, la mozzarella et les olives. Assaisonnez avec l'huile restante. Enfournez pour 20 minutes environ.

5 Sortez la pizza du four, ajoutez la ventricina et servez en portions.

Pizza emmental et bacon

POUR 4 PERSONNES

400 g de pâte
à pizza

150 g de bacon fumé
en tranches

250 g d'emmental

2 oignons moyens

6 cuill. à soupe
de purée de tomate

4 cuill. à soupe
d'huile d'olive
extra-vierge

Sel et poivre

Si vous n'aimez pas les oignons, vous pouvez les remplacer par des tomates cerises, lavées et coupées en deux.

1 Plongez les oignons dans l'eau froide : vous pourrez les couper sans pleurer.

2 Assaisonnez la purée de tomate avec une pincée de sel, une cuillerée à soupe d'huile et du poivre ; réservez.

3 Coupez l'emmental en dés. Égouttez, essuyez et émincez les oignons finement.

4 Préchauffez le four à 240 °C (th. 8), puis, à l'aide d'un rouleau à pâtisserie fariné, étalez la pâte à pizza sur un papier sulfurisé adapté à un moule de 30 cm de diamètre environ. Faites un bourrelet sur tout le pourtour.

5 Étalez la purée de tomate, l'emmental et les oignons. Assaisonnez avec l'huile restante. Enfournez pour 20 minutes environ.

6 Si pendant la cuisson les oignons ont tendance à brunir, couvrez la pizza avec une feuille de papier d'aluminium.

7 Sortez la pizza du four, étalez le bacon et servez en portions.

Pizza folle

POUR 4 PERSONNES

**400 g de pâte
à pizza**

**150 g de saucisse de
Toulouse**

**150 g de saucisse de
Strasbourg**

**250 g de mozzarella
de bufflonne**

1 poivron rouge

1 poivron vert

2 gousses d'ail

**1 grosse pincée
d'origan**

**4 cuill. à soupe de
purée de tomate**

**6 cuill. à soupe
d'huile d'olive
extra-vierge**

Sel et poivre

Des poivrons, de l'origan et deux variétés de saucisse :
cette pizza est une véritable explosion de saveurs !
Une bière rousse l'accompagnera à merveille.

1 Lavez les poivrons, ôtez les extrémités. Éliminez les graines
et les filaments blancs et coupez-les en petits dés. Épluchez l'ail.

2 Dans une poêle, faites revenir l'ail légèrement écrasé avec
3 cuillerées à soupe d'huile d'olive. Ajoutez les poivrons et faites
cuire à feu moyen pendant 10 minutes environ en remuant souvent :
salez, poivrez, ajoutez l'origan, mélangez, éteignez le feu, enlevez
l'ail et laissez refroidir.

3 Coupez les saucisses en rondelles de 1 cm d'épaisseur environ.

4 Assaisonnez la purée de tomate avec une pincée de sel,
une cuillerée à soupe d'huile et du poivre.

5 Égouttez la mozzarella et coupez-la en petits dés.

6 Préchauffez le four à 240 °C (th. 8), puis, à l'aide d'un rouleau
à pâtisserie fariné, étalez la pâte à pizza sur un papier sulfurisé
adapté à un moule de 30 cm de diamètre environ. Faites
un bourrelet sur tout le pourtour.

7 Étalez la tomate puis répartissez la mozzarella, les saucisses
et les poivrons. Ajoutez l'huile restante et enfournez
pour 20 minutes environ.

8 Sortez la pizza du four et servez en portions.

Pizza fumée

POUR 4 PERSONNES

**400 g de pâte
à pizza**

**250 g de scamorza
fumée**

**250 de tomates
cerises**

**4 belles pincées
d'origan**

**4 cuill. à soupe
d'huile d'olive
extra-vierge**

Sel et poivre

Dans l'ancienne Égypte, il existait déjà de nombreux
mets qui ressemblaient par leur composition
et leur cuisson à la pizza moderne.

1 Lavez, essuyez et coupez les tomates cerises en deux.

2 Coupez la scamorza en petits dés.

3 Préchauffez le four à 240 ºC (th. 8), puis, à l'aide d'un rouleau
à pâtisserie fariné, étalez la pâte à pizza sur un papier sulfurisé adapté
à un moule de 30 cm de diamètre environ. Faites un bourrelet sur tout
le pourtour.

4 Étalez les tomates, salez légèrement et poivrez. Répartissez
la scamorza, saupoudrez d'origan et ajoutez l'huile d'olive.

5 Enfournez pour 20 minutes
environ. Découpez la pizza
en portions dès la sortie
du four, et servez.

Pizza gorgonzola et pancetta

POUR 4 PERSONNES

400 g de pâte à pizza

200 g de pancetta en tranches épaisses (6 tranches environ)

125 g de gorgonzola

125 g de mozzarella de bufflonne

4 cuill. à soupe de purée de tomate

1 cuill. à soupe d'huile d'olive extra-vierge

Sel et poivre

Pour cette recette, il est conseillé d'acheter la pancetta chez votre traiteur italien : le résultat n'en sera que meilleur !

1 Assaisonnez la purée de tomate avec une pincée de sel, du poivre et de l'huile ; réservez.

2 Égouttez la mozzarella et enlevez la croûte du gorgonzola. Coupez les fromages en petits dés ; réservez.

3 Préchauffez le four à 240 °C (th. 8), puis, à l'aide d'un rouleau à pâtisserie fariné, étalez la pâte à pizza sur un papier sulfurisé adapté à un moule de 30 cm de diamètre environ. Faites un bourrelet sur tout le pourtour.

4 Étalez la purée de tomate, les fromages et la pancetta. Enfournez pour 20 minutes environ.

5 Sortez la pizza du four et servez en portions.

Pizza napolitaine

POUR 4 PERSONNES

**400 g de pâte
à pizza**

**250 g de mozzarella
de bufflonne**

**4 anchois
de Collioure
à l'huile d'olive**

**1 boîte de tomates
pelées d'excellente
qualité**

**1 cuill. à soupe
d'origan sec**

**4 cuill. à soupe
d'huile d'olive
extra-vierge**

La « véritable » pizza est faite à Naples avec une variété de tomates réputées pour leur saveur, les tomates « San Marzan », cultivées en Campanie.

1 Égouttez les tomates pelées, la mozzarella et les anchois. Coupez la mozzarella et les anchois en petits dés. Réservez séparément.

2 Préchauffez le four à 240 °C (th. 8), puis, à l'aide d'un rouleau à pâtisserie fariné, étalez la pâte à pizza sur un papier sulfurisé adapté à un moule de 30 cm de diamètre environ. Faites un bourrelet sur tout le pourtour.

3 Avec le dos d'une fourchette, écrasez les tomates sur la pizza et ajoutez 2 cuillerées d'huile.

4 Faites cuire la pizza pendant 13 minutes environ, ajoutez la mozzarella, les anchois, l'origan et l'huile restante.

5 Enfournez-la de nouveau pour 7 minutes environ.

8 Sortez la pizza du four et servez en portions.

Pizza romaine

POUR 4 PERSONNES

400 g de pâte
à pizza

250 g de mozzarella
de bufflonne

4 anchois
de Collioure
à l'huile d'olive

60 g de câpres
(poids égoutté)

4 cuill. à soupe
de purée de tomate

4 cuill. à soupe
d'huile d'olive
extra-vierge

Sel et poivre

Les anchois de Collioure, charnus et délicatement parfumés, mettront en valeur cette pizza simple et savoureuse.

1 Assaisonnez la purée de tomate avec une pincée de sel, une cuillerée à soupe d'huile et du poivre. Réservez.

2 Égouttez la mozzarella et coupez-la en petits dés ; égouttez les anchois, coupez-les en dés. Réservez séparément.

3 Rincez les câpres sous l'eau courante et égouttez-les.

4 Préchauffez le four à 240 °C (th. 8), puis, à l'aide d'un rouleau à pâtisserie fariné, étalez la pâte à pizza sur un papier sulfurisé adapté à un moule de 30 cm de diamètre environ. Faites un bourrelet sur tout le pourtour.

5 Étalez la tomate, la mozzarella, les anchois, les câpres et ajoutez l'huile restante.

6 Enfournez la pizza pour 20 minutes environ.

7 Sortez la pizza du four et servez en portions.

Pizza sicilienne

POUR 4 PERSONNES

**400 g de pâte
à pizza**

**250 g de mozzarella
de bufflonne**

**250 g de thon
à l'huile d'olive
(poids égoutté)**

**10 olives noires
calabres ou volos**

**2 cuill. à café
d'origan sec**

**2 cuill. à soupe
d'huile d'olive
extra-vierge**

Vous trouverez les olives calabres, charnues
et juteuses, dans les épiceries italiennes ;
les volos chez les épiciers grecs.

1 Égouttez la mozzarella et le thon.

2 Coupez la mozzarella en petits dés.

3 Émiettez grossièrement le thon.

4 Dénoyautez et coupez les olives en morceaux.

5 Préchauffez le four à 240 °C (th. 8), puis, à l'aide d'un rouleau
à pâtisserie fariné, étalez la pâte à pizza sur un papier sulfurisé adapté
à un moule de 30 cm de diamètre environ. Faites un bourrelet sur tout
le pourtour.

6 Répartissez la mozzarella et les olives, parsemez d'origan
et assaisonnez avec l'huile.

7 Enfournez pour 13 minutes environ, puis ajoutez le thon et faites
cuire encore pendant 7 minutes.

8 Sortez la pizza du four et servez en portions.

Pizza speck et brie

POUR 4 PERSONNES

**400 g de pâte
à pizza**

250 g de brie

**160 g de speck ou
de jambon fumé cru
coupé en fines
tranches**

**3 cuill. à café
de tapenade**

**2 cuill. à soupe
d'huile d'olive
extra-vierge**

L'association brie-tapenade est un régal.
Le goût fumé de la charcuterie complète
parfaitement cette pizza.

1 Enlevez la croûte du brie et coupez-le en morceaux.

2 Préchauffez le four à 240 °C (th. 8), puis, à l'aide d'un rouleau
à pâtisserie fariné, étalez la pâte à pizza sur un papier sulfurisé
adapté à un moule de 30 cm de diamètre environ. Faites un bourrelet
sur tout le pourtour.

3 Badigeonnez la pâte d'huile à l'aide d'un pinceau.

4 Enfournez la pizza pour 17 minutes environ.

5 Sortez la pizza du four et répartissez la tapenade et le fromage.

6 Terminez la cuisson de la pizza pendant encore 3 minutes environ.
Sortez-la du four, ajoutez le speck et servez en portions.

En famille

Pizza au chorizo doux

Vous pouvez également agrémenter cette pizza gourmande d'un filet d'huile piquante.

1 Assaisonnez la purée de tomate avec une pincée de sel, une cuillerée à soupe d'huile et du poivre.

2 Égouttez la mozzarella et coupez-la en petits dés.

3 Préchauffez le four à 240 °C (th. 8), puis, à l'aide d'un rouleau à pâtisserie fariné, étalez la pâte à pizza sur un papier sulfurisé adapté à un moule de 30 cm de diamètre environ. Faites un bourrelet sur tout le pourtour.

4 Étalez la purée de tomate et répartissez la mozzarella et le chorizo.

5 Ajoutez l'huile restante et enfournez la pizza pour 20 minutes environ.

6 Sortez la pizza du four et servez en portions.

Pizza quatre saisons

POUR 4 PERSONNES

**400 g de pâte
à pizza**

**250 g de mozzarella
de bufflonne**

**Quelques feuilles
de basilic**

**2 fines tranches
de jambon blanc**

**2 cuill. à soupe
de champignons
à l'huile**

**3 petits artichauts
à l'huile**

**6 cuill. à soupe
de purée de tomate**

**5 cuill. à soupe
d'huile d'olive
extra-vierge**

Sel et poivre

Il existe nombre de variantes à cette pizza où chaque quartier représente une saison de l'année. Celle-ci est la version la plus classique avec cependant une touche personnelle : la mozzarella est répartie sur toute la pizza pour la rendre plus moelleuse.

1 Assaisonnez la purée de tomate avec du sel, une cuillerée à soupe d'huile et du poivre.

2 Lavez les feuilles de basilic, essuyez-les.

3 Égouttez la mozzarella, les artichauts et les champignons.

4 Coupez la mozzarella ainsi que le jambon en petits dés et les artichauts en quartiers ; réservez séparément.

5 Préchauffez le four à 240 °C (th. 8), puis, à l'aide d'un rouleau à pâtisserie fariné, étalez la pâte à pizza sur un papier sulfurisé adapté à un moule de 30 cm de diamètre environ. Faites un bourrelet sur tout le pourtour.

6 Étalez la purée de tomate, ajoutez 2 cuillerées d'huile et enfournez pour 13 minutes environ.

7 Sortez la pizza du four. Répartissez la mozzarella sur toute la surface. Garnissez un quart de la pizza avec les artichauts, un autre avec les champignons et encore un autre avec le jambon blanc.

8 Versez l'huile restante et remettez au four pendant 7 minutes.

9 Sortez la pizza du four, ajoutez le basilic sur le quartier où il n'y a que la mozzarella.

10 Servez en portions.

Pizza à la roquette

POUR 4 PERSONNES

**400 g de pâte
à pizza**

**250 g de mozzarella
de bufflonne**

**4 poignées
de roquette**

**6 cuill. à soupe
de purée de tomate**

**6 cuill. à soupe
d'huile d'olive
extra-vierge**

Sel et poivre

Vous pouvez également parsemer la pizza à la roquette
de copeaux de parmesan, toujours après la cuisson.

1 Assaisonnez la purée de tomate avec du sel, une cuillerée à soupe
d'huile et du poivre.

2 Égouttez la mozzarella et coupez-la en petits dés.

3 Lavez, essorez et hachez grossièrement la roquette.

4 Préchauffez le four à 240 °C (th. 8), puis, à l'aide d'un rouleau
à pâtisserie fariné, étalez la pâte à pizza sur un papier sulfurisé
adapté à un moule de 30 cm de diamètre environ. Faites
un bourrelet sur tout le pourtour.

5 Étalez la purée de tomate et répartissez la mozzarella. Versez
2 cuillerées d'huile et enfournez la pizza pendant 20 minutes
environ.

6 Sortez la pizza du four, recouvrez-la
de roquette et versez l'huile restante.

7 Servez en portions.

POUR 4 PERSONNES

**400 g de pâte
à pizza**

**125 g de mozzarella
de bufflonne**

**150 g de scamorza
fumée**

150 g de gorgonzola

**6 cuill. à soupe
de purée de tomate**

**1 cuill. à soupe
d'huile d'olive
extra-vierge**

Sel et poivre

Pizza aux trois fromages

Vous pouvez remplacer le gorgonzola par du roquefort, ou bien enrichir cette pizza en ajoutant un quatrième fromage.

1 Assaisonnez la purée de tomate avec du sel, du poivre et l'huile.

2 Égouttez la mozzarella, enlevez la croûte de la scamorza et du gorgonzola.

3 Coupez les fromages en petits dés.

4 Préchauffez le four à 240 °C (th. 8), puis, à l'aide d'un rouleau à pâtisserie fariné, étalez la pâte à pizza sur un papier sulfurisé adapté à un moule de 30 cm de diamètre environ. Faites un bourrelet sur tout le pourtour.

5 Étalez la purée de tomate, répartissez les fromages et enfournez la pizza pour 20 minutes environ.

6 Sortez la pizza du four et servez en portions.

Pizza aux aubergines et au parmesan

POUR 4 PERSONNES

400 g de pâte à pizza

250 g de mozzarella de bufflonne

40 g de parmesan fraîchement râpé

800 g d'aubergines

1 petit oignon

1 gousse d'ail

1 bouquet de basilic frais

1 boîte de pulpe de tomate de 400 g environ

5 cuill. à soupe d'huile d'olive extra-vierge

Sel et poivre

Vous pouvez servir cette pizza, typiquement estivale, accompagnée d'un vin rosé.

1 Lavez les aubergines, ôtez les extrémités, et coupez-les en petits dés.

2 Épluchez l'ail et l'oignon. Émincez l'oignon.

3 Lavez les feuilles de basilic, essuyez-les et hachez-les.

4 Dans une poêle, faites revenir l'ail légèrement écrasé avec l'oignon et 3 cuillerées d'huile d'olive. Ajoutez la pulpe de tomate, les aubergines, du sel, du poivre et faites cuire pendant 20 minutes environ. Éteignez le feu, ajoutez le basilic, mélangez et laissez refroidir.

5 Égouttez la mozzarella et coupez-la en petits dés.

6 Préchauffez le four à 240 °C (th. 8), puis, à l'aide d'un rouleau à pâtisserie fariné, étalez la pâte à pizza sur un papier sulfurisé adapté à un moule de 30 cm de diamètre environ. Faites un bourrelet sur tout le pourtour.

7 Étalez sur la pâte l'huile restante, les aubergines en sauce et la mozzarella. Saupoudrez de parmesan et enfournez la pizza pour 20 minutes environ.

8 Sortez la pizza du four et servez en portions.

Pizza estivale aux petits légumes

POUR 4 PERSONNES

400 g de pâte
à pizza

250 g de mozzarella
de bufflonne

600 g d'aubergines

500 g de poivrons
jaunes

300 g de courgettes

1 bouquet
de basilic frais

1 gousse d'ail

6 cuill. à soupe
de purée de tomate

8 cuill. à soupe
d'huile d'olive
extra-vierge

Sel et poivre

Vous pouvez également enrichir cette pizza
de quelques fines tranches de jambon de Parme.
Dans ce cas, vous l'ajouterez en fin de cuisson.

1 Lavez les aubergines, les courgettes et les poivrons. Ôtez
les extrémités des courgettes et des aubergines. Éliminez
les graines et les filaments blancs des poivrons.

2 Coupez les légumes en très petits dés ; épluchez l'ail, lavez,
essuyez et hachez le basilic.

3 Dans une poêle, faites revenir l'ail légèrement écrasé avec
3 cuillerées d'huile d'olive, ajoutez les légumes et faites-les cuire
à feu moyen pendant 10 minutes environ en remuant souvent.
Salez, poivrez, ajoutez le basilic haché et mélangez. Éteignez le feu
et laissez refroidir.

4 Pendant ce temps, assaisonnez la purée de tomate avec du sel,
une cuillerée à soupe d'huile et du poivre.

5 Égouttez la mozzarella et coupez-la en petits dés.

6 Préchauffez le four à 240 °C (th. 8), puis, à l'aide d'un rouleau
à pâtisserie fariné, étalez la pâte à pizza sur un papier sulfurisé
adapté à un moule de 30 cm de diamètre environ. Faites
un bourrelet sur tout le pourtour.

7 Étalez la purée de tomate, la mozzarella, puis les légumes,
et enfournez pour 20 minutes environ.

8 Sortez la pizza du four, ajoutez l'huile restante et servez
en portions.

POUR 4 PERSONNES

400 g de pâte
à pizza

800 g de poireaux

125 g de mozzarella

150 g de chèvre frais

1 tranche de jambon
blanc de 150 g

30 g de beurre

2 branches de thym

3 cuill. à soupe
d'huile d'olive
extra-vierge

Sel et poivre

Pizza aux poireaux confits et jambon blanc

Les poireaux, moelleux et délicatement parfumés au thym, se marient à la perfection avec la douceur du fromage de chèvre et le jambon blanc.

1 Lavez le thym et réservez.

2 Nettoyez les poireaux, retirez la base et gardez seulement les blancs. Hachez-les finement et faites-les revenir dans une poêle avec une cuillerée d'huile, le beurre et le thym jusqu'à ce qu'ils soient fondus et moelleux. Salez, poivrez et réservez.

3 Coupez la tranche de jambon en petits cubes. Égouttez la mozzarella et coupez-la en petits dés.

4 Préchauffez le four à 240 ºC (th. 8), puis, à l'aide d'un rouleau à pâtisserie fariné, étalez la pâte à pizza sur un papier sulfurisé adapté à un moule de 30 cm de diamètre environ. Faites un bourrelet sur tout le pourtour.

5 Enlevez les branches de thym, étalez les poireaux refroidis sur la pizza, ajoutez la mozzarella et enfournez pour 16 minutes.

6 Sortez la pizza du four, ajoutez le jambon et poursuivez la cuisson pendant 4 minutes.

7 Ajoutez alors le fromage de chèvre en petits dés et l'huile d'olive restante, puis servez en portions.

400 g de pâte
à pizza

200 g de saucisse
de Toulouse

125 g de mozzarella
de bufflonne

50 g de parmesan
râpé

1 branche de romarin
frais de 25 cm
environ

4 cuill. à soupe
de purée de tomate

3 cuill. à soupe
d'huile d'olive
extra-vierge

Sel et poivre

Pizza aux saucisses et au romarin

Pour un goût plus corsé, vous pouvez remplacer le parmesan par du pecorino (fromage de brebis vieilli).

1 Assaisonnez la purée de tomate avec une petite pincée de sel, une cuillerée à soupe d'huile et du poivre.

2 Lavez le romarin, puis effeuillez-le.

3 Égouttez la mozzarella et coupez-la en petits dés.

4 Coupez la saucisse en morceaux et mélangez-la avec le parmesan.

5 Préchauffez le four à 240 °C (th. 8), puis, à l'aide d'un rouleau à pâtisserie fariné, étalez la pâte à pizza sur un papier sulfurisé adapté à un moule de 30 cm de diamètre environ. Faites un bourrelet sur tout le pourtour.

6 Étalez la purée de tomate sur la pizza et mettez au four pendant 10 minutes.

7 Sortez la pizza du four, étalez les dés de mozzarella, la saucisse mélangée au parmesa et les feuilles de romarin. Ajoutez l'huile restante et enfournez-la de nouveau pendant 10 minutes environ.

8 Servez en portions.

Pizza Margherita

POUR 4 PERSONNES

**400 g de pâte
à pizza**

**250 g de mozzarella
de bufflonne**

**Quelques feuilles
de basilic frais**

**6 cuill. à soupe
de purée de tomate**

**5 cuill. à soupe
d'huile d'olive
extra-vierge**

Sel et poivre

En 1889, Raffaele Esposito, le meilleur pizzaiolo de Naples, confectionna trois recettes différentes de pizza pour la reine Margherita en visite à Naples. Elle appréciera cette pizza aux couleurs du drapeau italien et, en hommage, le pizzaiolo la baptisa « Pizza Margherita »

1 Assaisonnez la purée de tomate avec du sel, une cuillerée à soupe d'huile et du poivre.

2 Égouttez la mozzarella et coupez-la en petits dés.

3 Préchauffez le four à 240 ºC (th. 8), puis, à l'aide d'un rouleau à pâtisserie fariné, étalez la pâte à pizza sur un papier sulfurisé adapté à un moule de 30 cm de diamètre environ. Faites un bourrelet sur tout le pourtour.

4 Étalez la purée de tomate sur la pizza et mettez-la au four pendant 10 minutes.

5 Répartissez la mozzarella et enfournez de nouveau pendant 10 minutes environ.

6 Sortez la pizza du four, assaisonnez-la avec l'huile restante et les feuilles de basilic.

Pizza méditerranéenne

POUR 4 PERSONNES

**400 g de pâte
à pizza**

**250 g de mozzarella
de bufflonne**

**300 g de tomates
cerises**

**240 g de thon
à l'huile extra-vierge**

**100 g d'olives vertes
dénoyautées**

**4 belles pincées
d'origan sec**

**4 cuill. à soupe
d'huile d'olive
extra-vierge**

Pour un goût plus relevé, vous pouvez également ajouter une poignée de câpres et de poivrons à l'huile.

1 Lavez les tomates cerises et coupez-les en deux.

2 Égouttez le thon et la mozzarella, émiettez grossièrement le thon, coupez la mozzarella en petits dés ; réservez séparément.

3 Préchauffez le four à 240 °C (th. 8), puis, à l'aide d'un rouleau à pâtisserie fariné, étalez la pâte à pizza sur un papier sulfurisé adapté à un moule de 30 cm de diamètre environ. Faites un bourrelet sur tout le pourtour.

4 Étalez 2 cuillerées d'huile sur la pâte et mettez au four pendant 15 minutes.

5 Répartissez les tomates, le thon, la mozzarella et les olives ; parsemez d'origan, ajoutez l'huile restante et remettez la pizza au four pendant 7 à 8 minutes.

6 Sortez la pizza du four et servez en portions.

Pizza pancetta

POUR 4 PERSONNES

**400 g de pâte
à pizza**

**200 g de pancetta
en tranches assez
épaisses (6 tranches
environ)**

**250 g de mozzarella
de bufflonne**

1 oignon moyen

**1 branche de 20 cm
environ de romarin**

**6 cuill. de purée
de tomate**

**1 cuill. à soupe
d'huile d'olive
extra-vierge**

Sel et poivre

Si vous n'aimez pas les oignons, vous pouvez les remplacer par la même quantité de poireaux, émincés puis sautés à la poêle et assaisonnés de sel et de poivre.

1 Pelez l'oignon et plongez-le dans de l'eau froide.

2 Assaisonnez la purée de tomate avec du sel, du poivre et l'huile.

3 Égouttez la mozzarella et coupez-la en petits dés ; lavez la branche de romarin, essuyez-la puis effeuillez-la.

4 Préchauffez le four à 240 °C (th. 8), puis, à l'aide d'un rouleau à pâtisserie fariné, étalez la pâte à pizza sur un papier sulfurisé adapté à un moule de 30 cm de diamètre environ. Faites un bourrelet sur tout le pourtour.

5 Égouttez, essuyez et émincez très finement l'oignon.

6 Étalez la purée de tomates sur la pizza puis répartissez la mozzarella, l'oignon, la pancetta et les feuilles de romarin.

7 Enfournez la pizza pour 20 minutes environ.

8 Sortez la pizza du four et servez en portions.

Jours de fête

Pizza à la bresaola

POUR 4 PERSONNES

**400 g de pâte
à pizza**

**150 g de bresaola
coupée en tranches
fines**

**250 g de mozzarella
de bufflonne**

**4 cuill. à soupe
de purée de tomate**

**5 cuill. à soupe
d'huile d'olive
extra-vierge**

Sel et poivre

La bresaola est une spécialité qui remonte au Moyen Âge, préparée avec de la viande de bœuf séchée. Elle est produite en Lombardie, notamment dans la zone de la Valteline.

1 Assaisonnez la purée de tomate avec du sel, une cuillerée à soupe d'huile et du poivre.

2 Égouttez la mozzarella et coupez-la en petits dés.

3 Préchauffez le four à 240 °C (th. 8), puis, à l'aide d'un rouleau à pâtisserie fariné, étalez la pâte à pizza sur un papier sulfurisé adapté à un moule de 30 cm de diamètre environ. Faites un bourrelet sur tout le pourtour.

4 Étalez la purée de tomate et parsemez de mozzarella.

5 Enfournez la pizza pendant 20 minutes environ.

6 Sortez la pizza du four, ajoutez l'huile restante, la bresaola et servez en portions.

Pizza à la mozzarella de bufflonne et aux tomates cerises

POUR 4 PERSONNES

400 g de pâte à pizza

250 g de mozzarella de bufflonne

250 g de tomates cerises

Quelques feuilles de basilic

6 cuill. à soupe d'huile d'olive extra-vierge

Sel

Cette pizza est également appelée « pizza de Capri » du nom de la fameuse île, au large de Naples. Elle ressemble à la pizza Margherita, mais les ingrédients utilisés pour cette recette sont à peine cuits.

1 Égouttez la mozzarella et coupez-la en dés moyens.

2 Lavez les tomates cerises, enlevez le pédoncule et coupez-les en deux.

3 Lavez les feuilles de basilic, essuyez-les.

4 Préchauffez le four à 240 °C (th. 8), puis, à l'aide d'un rouleau à pâtisserie fariné, étalez la pâte à pizza sur un papier sulfurisé adapté à un moule de 30 cm de diamètre environ. Faites un bourrelet sur tout le pourtour..

5 Étalez uniformément 3 cuillerées d'huile avec un pinceau et mettez au four pendant 16 minutes.

6 Sortez la pizza du four, répartissez la mozzarella et les tomates cerises. Salez égèrement, ajoutez l'huile restante et remettez la pizza au four jusqu'à ce que la mozzarella soit fondue (4 minutes environ).

7 Sortez la pizza du four, ajoutez les feuilles de basilic et servez en portions.

Pizza aux cèpes et au speck

POUR 4 PERSONNES

400 g de pâte
à pizza

250 g de mozzarella
de bufflonne

150 g de speck coupé
en fines tranches

4 cuill. à soupe
de cèpes ou d'autres
champignons
à l'huile

4 cuill. à soupe
de purée de tomate

3 cuill. à soupe
d'huile d'olive

Sel et poivre

Le speck est un jambon du Haut-Adige, assaisonné d'herbes et d'épices. Il est fumé selon un procédé entièrement artisanal et offre une saveur particulière.

1 Assaisonnez la purée de tomate avec du sel, une cuillerée à soupe d'huile et du poivre.

2 Égouttez la mozzarella et les cèpes. Coupez la mozzarella en petits dés ; réservez séparément.

3 Préchauffez le four à 240 °C (th. 8), puis, à l'aide d'un rouleau à pâtisserie fariné, étalez la pâte à pizza sur un papier sulfurisé adapté à un moule de 30 cm de diamètre environ. Faites un bourrelet sur tout le pourtour.

4 Étalez la purée de tomate, ajoutez la mozzarella, les champignons et l'huile restante, et mettez au four pendant 20 minutes environ.

5 Sortez la pizza du four, étalez les tranches de speck et servez en portions.

Pizza de la mer

POUR 4 PERSONNES

400 g de pâte
à pizza

400 g de moules

400 g de palourdes

400 g de crevettes
roses

400 g de tomates
cerises

3 gousses d'ail

1 oignon

1 piment

1 bouquet
de persil plat

8 cuill. à soupe
d'huile d'olive
extra-vierge

Sel

Dans cette recette, vous pouvez remplacer les palourdes par des coques en éliminant soigneusement le sable au préalable.

1 Lavez les tomates, essuyez-les et coupez-les en quatre.

2 Épluchez et émincez les gousses d'ail et l'oignon.

3 Lavez et hachez les feuilles de persil.

4 Lavez les palourdes et les moules à l'eau courante. Grattez les moules. Épluchez les crevettes.

5 Faites ouvrir les coquillages à feu vif dans une poêle sans graisse. Éliminez le jus, détachez les mollusques et réservez.

6 Faites revenir l'ail et l'oignon dans une poêle avec 4 cuillerées à soupe d'huile.

7 Ajoutez le piment émietté, les crevettes, les mollusques et mélangez pendant 2 à 3 minutes. Éteignez le feu, ajoutez le persil haché et réservez.

8 Préchauffez le four à 240 °C (th. 8), puis, à l'aide d'un rouleau à pâtisserie fariné, étalez la pâte à pizza sur un papier sulfurisé adapté à un moule de 30 cm de diamètre environ. Faites un bourrelet sur tout le pourtour.

9 Disposez les tomates et arrosez-les d'huile restante ; enfournez pour 15 minutes environ.

10 Sortez la pizza du four et répartissez les fruits de mer.

11 Remettez à cuire pendant 6 à 8 minutes (pas plus, car les mollusques risquerait de devenir caoutchouteux).

12 Sortez la pizza du four et servez en portions.

Pizza aux légumes et au jambon San Daniel

POUR 4 PERSONNES

400 g de pâte
à pizza

150 g de jambon San
Daniel coupé
en fines tranches

125 g de mozzarella
de bufflonne

1 poivron jaune

1 poivron rouge

1 petite aubergine

1 gousse d'ail

6 cuill. à soupe
de purée de tomate

6 cuill. à soupe
d'huile d'olive
extra-vierge

Sel et poivre

Le jambon San Daniel est originaire de la région du Frioul. Il a un goût savoureux et délicat qui rappelle les amandes. Pour une pizza plus relevée, vous pouvez ajouter sur les légumes, avant que la pizza ne passe au four, une poignée de câpres et deux filets d'anchois coupés en morceaux.

1 Lavez l'aubergine et les poivrons. Ôtez les extrémités de l'aubergine. Éliminez les graines et les filaments blancs des poivrons.

2 Coupez les légumes en très petits dés.

3 Dans une poêle, faites revenir l'ail légèrement écrasé avec 3 cuillerées d'huile, ajoutez les légumes et faites-les cuire à feu moyen en les remuant souvent pendant 10 minutes environ. Retirez l'ail, salez, poivrez et laissez refroidir.

4 Assaisonnez la purée de tomate avec du sel, une cuillerée à soupe d'huile et du poivre.

5 Égouttez la mozzarella et coupez-la en petits dés.

6 Préchauffez le four à 240 °C (th. 8), puis, à l'aide d'un rouleau à pâtisserie fariné, étalez la pâte à pizza sur un papier sulfurisé adapté à un moule de 30 cm de diamètre environ. Faites un bourrelet sur tout le pourtour.

7 Étalez la purée de tomate, la mozzarella, puis les légumes ; ajoutez l'huile restante.

8 Enfournez pour 20 minutes environ, sortez la pizza du four, répartissez le jambon et servez en portions.

Pizza au gorgonzola et jambon de la Forêt-Noire

POUR 4 PERSONNES

400 g de pâte à pizza

150 g de jambon de la Forêt-Noire ou de jambon cru fumé coupé en fines tranches

100 g de gorgonzola ou de roquefort

150 g de mozzarella de bufflonne

4 cuill. à soupe de purée de tomate

3 cuill. à soupe d'huile d'olive extra-vierge

Sel et poivre

Le jambon de la Forêt-Noire est produit dans la zone qui s'étend du lac de Constance jusqu'à Stuttgart. Il est fumé exclusivement avec des aiguilles de sapin après avoir été désossé. Son goût est délicatement fumé.

1 Assaisonnez la purée de tomate avec du sel, une cuillerée à soupe d'huile et du poivre.

2 Égouttez la mozzarella et enlevez la croûte du gorgonzola. Coupez les fromages en dés.

3 Préchauffez le four à 240 °C (th. 8), puis, à l'aide d'un rouleau à pâtisserie fariné, étalez la pâte à pizza sur un papier sulfurisé adapté à un moule de 30 cm de diamètre environ. Faites un bourrelet sur tout le pourtour.

4 Étalez la purée de tomate et répartissez les dès de fromage ; ajoutez l'huile restante.

6 Enfournez pour 20 minutes environ, sortez la pizza du four, disposez les tranches de jambon fumé et servez en portions.

Pizza chèvre, courgettes et huile de truffe

POUR 4 PERSONNES

400 g de pâte à pizza

125 g de mozzarella de bufflonne

200 g de chèvre frais

800 g de courgettes

1 cuill. à soupe d'huile de truffe

4 cuill. à soupe d'huile d'olive

Sel et poivre

C'est une pizza fraîche et raffinée : les courgettes et le fromage de chèvre se marient à merveille tandis que l'huile de truffe parfume délicatement l'ensemble.

1 Lavez, les courgettes, ôtez les extrémités, puis coupez-les en fines tranches dans le sens de la longueur. Badigeonnez-les de chaque côté avec 2 cuillerées d'huile d'olive et grillez-les sur une plaque. Salez, poivrez et réservez.

2 Égouttez la mozzarella. Coupez la mozzarella et le fromage de chèvre en petits dés ; réservez séparément.

3 Préchauffez le four à 240 °C (th. 8), puis, à l'aide d'un rouleau à pâtisserie fariné, étalez la pâte à pizza sur un papier sulfurisé adapté à un moule de 30 cm de diamètre environ. Faites un bourrelet sur tout le pourtour.

4 Badigeonnez la pâte avec l'huile d'olive restante à l'aide d'un pinceau.

5 Faites cuire la pizza pendant 12 minutes environ.

6 Sortez-la du four, disposez les dés de mozzarella et les tranches de courgettes et poursuivez la cuisson pendant 8 minutes.

7 Sortez la pizza du four, ajoutez le fromage de chèvre coupé en petits dés, l'huile de truffe, et servez en portions.

Pizza Parme

POUR 4 PERSONNES

**400 g de pâte
à pizza**

**150 g de jambon
de Parme coupé
en fines tranches**

**250 g de mozzarella
de bufflonne**

**6 cuill. à soupe
de purée de tomate**

**3 cuill. à soupe
d'huile d'olive
extra-vierge**

Sel et poivre

C'est une pizza très simple : la mozzarella de bufflonne
et le parfum délicat du jambon de Parme raviront vos papilles !

1 Assaisonnez la purée de tomate avec du sel, une cuillerée à soupe
d'huile et du poivre.

2 Égouttez la mozzarella et coupez-la en petits dés.

3 Préchauffez le four à 240 °C (th. 8), puis, à l'aide d'un rouleau
à pâtisserie fariné, étalez la pâte à pizza sur un papier sulfurisé
adapté à un moule de 30 cm de diamètre environ. Faites
un bourrelet sur tout le pourtour.

4 Étalez la purée de tomate et répartissez la mozzarella ; ajoutez
l'huile restante.

5 Mettez la pizza au four pendant 20 minutes environ.

6 Sortez la pizza du four, disposez les tranches de jambon de Parme
et servez en portions.

Index

Antipasti

Gratins

Crumbles

Wok

Oeufs cocotte

Sushis

Dans la collection

NOUVELLES
VARIATIONS GOURMANDES

Flans
sucrés & salés

Yaourts

Terrines
express

Lasagnes

Cakes

Hamburgers

Madeleines

Crêpes

Gaspachos

Moelleux
sucrés & salés

Cuillères
apéritives

Financiers

Tajines

Smoothies

Espumas
& petites mousses

Panna cotta

SOLAR
EDITIONS